语文课本里的科学素养

主编　陈诚

会跑的影子

CNS | 湖南电子音像出版社
Hunan Electronic And Audio-visual Publishing House

·长沙·

图书在版编目（CIP）数据

会跑的影子/陈诚主编 . -- 长沙 : 湖南电子音像
出版社 , 2023.9（2024.5 重印）
（语文课本里的科学素养）
ISBN 978-7-83004-487-9

Ⅰ . ①会… Ⅱ . ①陈… Ⅲ . ①阅读课—小学—教学参
考资料 Ⅳ . ① G624.233

中国国家版本馆 CIP 数据核字 (2023) 第 171371 号

会跑的影子

HUIPAO DE YINGZI

主　　编：陈　诚
出 版 人：黄永华
责任编辑：刘德华　傅　蓉　朱　懿
美术设计：唐　茜
出　　版：湖南电子音像出版社
印　　刷：永清县晔盛亚胶印有限公司
发　　行：河南省新华书店
开　　本：710mm×1000mm　1/16
印　　张：7
字　　数：50 千字
版　　次：2023 年 9 月第 1 版
印　　次：2024 年 5 月第 2 次印刷
书　　号：ISBN 978-7-83004-487-9
定　　价：28.00 元

如有印装质量问题，请与生产服务中心调换。
联系电话：0731-82228602

声明：在本书编写过程中，个别选文未能联系到作者，敬请原作者看到本书后
及时和我们联系，以便我们按国家规定支付稿酬并赠送样书。
联系人：陈老师 18670089796

小故事，大科学

　　科学与文学的精彩碰撞，既能培养文学思维，又能激发探索科学世界的精神。在语文课本中，已经介绍过不少的科学文章。回想课文，相信小读者在读到《小壁虎借尾巴》时，也想和小伙伴们一起找到各种动物尾巴的秘密；读到《太空生活趣事多》时，也希望有一天自己能探索太空；读到《跨越百年的美丽》时，内心会受到科学家们科学精神的撼动。

　　其实，不仅仅是这些科学文章，语文课本中还含有许许多多的科学因素。《语文课本里的科学素养》（小学版）这套书秉承科学与文学相融、理性与人文相生的理念，紧贴新课标，涵盖自然、天文、地理、环保等多门学科，采用跨学科的视角，将课内所学知识延伸至课外，构架起课内与课外的桥梁，带领读者从小故事中探究大科学原理。

　　在呈现形式上，本书用儿童的眼光看世界，以日常化和故事化的表达方式，用富有想象力的构思来讲述理性的科学，让科普阅读更具有感染力。在这里，小读者将与小兔乖乖、小猴皮皮、小熊奔奔等好朋友一起，去奇幻的月光森林、辽阔的阳光草原甚至神秘的大海探险。这些好朋友会用自己的故事告诉小读者们：彩虹是如何形成的？风从哪里来？大雁为什么要排队飞行？……每篇故事都配有精心绘制的大量贴合人物形象、契合故事情节的精美插图，为富有意蕴的文字增添趣味。同时，故事中的优美词语以彩色字标出，可以有效地增加小读者的词汇量，为写作打下语言基础。

在栏目设计上，本书课文之后的"课本联通"栏目，带领学生回到语文课本，从课文中捕捉和发现科学因子；"科学进阶"栏目对应科学故事，系统化讲解科学知识，强化科学思维，助小读者们一窥科学世界；"灵光乍现"栏目将对科学知识的获取化为主动探究，引导小读者们思考更多相关的科学知识，锻炼发散思维。

期望这套丛书能用天马行空的趣味科学故事，为小读者提供探索世界的宏大视角，也希望这套书能够让小读者用积极探索的心态去关注身边的事物，唤起其对自然和生命的热爱，从而爱上阅读，爱上科学。

编者

目录

小猴子捞月亮
xiǎo hóu zi lāo yuè liang

在一个晴朗的夜晚，微风阵阵，
zài yí gè qíng lǎng de yè wǎn wēi fēng zhèn zhèn

舒服极了。有一群猴子正在林子里玩
shū fu jí le yǒu yì qún hóu zi zhèng zài lín zi lǐ wán

耍，他们有的在树上蹦蹦跳跳，有
shuǎ tā men yǒu de zài shù shàng bèng bèng tiào tiào yǒu

的在地上打打闹闹，好不快活。
de zài dì shàng dǎ dǎ nào nào hǎo bú kuài huo

其中一只小猴子独自跑到了林子
qí zhōng yì zhī xiǎo hóu zi dú zì pǎo dào le lín zi

旁边玩耍。林子边上
páng biān wán shuǎ lín zi biān shàng

有一口井，他趴在
yǒu yì kǒu jǐng tā pā zài

井沿，往井
jǐng yán wǎng jǐng

里看，忽然
lǐ kàn hū rán

1

jīng kǒng de jiào qǐ lái
惊恐地叫起来：

bù dé liǎo la yuè
"不得了啦，月

liang diào dào jǐng lǐ qù
亮掉到井里去

le yuán lái zhè
了！"原来，这

zhī xiǎo hóu zi kàn dào jǐng lǐ yǒu gè yuè liang
只小猴子看到井里有个月亮。

tā de jiào shēng jīng dòng le hóu qún lǎo hóu zi dài
他的叫声惊动了猴群，老猴子带

zhe yí dà qún hóu zi dōu cháo jǐng biān gǎn lái dāng tā men
着一大群猴子都朝井边赶来。当他们

kàn dào jǐng lǐ de yuè liang shí dōu jī ji zhā zhā de jiào
看到井里的月亮时，都叽叽喳喳地叫

rǎng zhe yì shí zhī jiān dà jiā dōu méi le zhǔ yi
嚷着，一时之间大家都没了主意。

zhè shí lǎo hóu zi shuō dà jiā bié rǎng rang
这时，老猴子说："大家别嚷嚷

le wǒ men kuài xiǎng bàn fǎ bǎ yuè liang lāo qǐ lái ba
了，我们快想办法把月亮捞起来吧！

yào bù wǎn shang jiù huì yí piàn qī hēi le zhòng hóu dōu
要不晚上就会一片漆黑了。"众猴都

zàn tóng lǎo hóu zi de jiàn yì fēn fēn jiā rù dào lāo yuè
赞同老猴子的建议，纷纷加入到捞月

liang de duì wu zhōng
亮的队伍中。

lǎo hóu zi huí guò tóu　　kàn dào jǐng páng biān yǒu yì
老猴子回过头，看到井旁边有一

kē lǎo huái shù　　tā tí yì dào　　wǒ men pá dào dà shù
棵老槐树，他提议道："我们爬到大树

shàng qù　　yí ge jiē yí ge de dào guà xià lái　　yì zhí
上去，一个接一个地倒挂下来，一直

guà dào jǐng lǐ　　jiù kě yǐ bǎ yuè liang lāo shàng lái le
挂到井里，就可以把月亮捞上来了。"

dà jiā jué de zhè ge zhǔ yi hǎo jí le　　yú shì
大家觉得这个主意好极了。于是，

hóu zi men yí ge jiē yí ge de　　nǐ bào zhe wǒ de tuǐ
猴子们一个接一个地，你抱着我的腿，

wǒ gōu zhe nǐ de tóu　　guà chéng yì cháng tiáo　　tóu cháo
我勾着你的头，挂成一长条，头朝

xià　　yì zhí guà dào le jǐng lǐ　　xiǎo hóu zi tǐ qīng　　guà
下，一直挂到了井里。小猴子体轻，挂

zài zuì xià biān
在最下边。

xiǎo hóu zi　bǎ shǒu shēn dào
小猴子把手伸到

jǐng shuǐ zhōng　　duì zhe míng huǎng huǎng
井水中，对着明晃晃

的月亮一把抓
起，可是，井水被
他一搅动，月亮就碎
成了一片一片的。小猴
子吓得大喊起来："不好了！月亮被我
抓破了。"

老猴子一听，说："那就把碎片都
捞出来吧，我们再把它们拼起来。"

"好。"收到指令的小猴子继续伸
手去捞月亮的碎片，可是月亮被搅得
更碎了。

过了一会儿，井水恢复平静，月
亮又恢复了原状。小猴子高兴地大
喊："太好了，月亮没有碎，又变成

一个完整的了！"小猴子又伸出手去捞月亮，他折腾了老半天，依然捞不着月亮。小猴子急得满头大汗。

其他挂在树上的猴子也都急了起来，有的甚至开始埋怨说："好了没有啊，捞快点呀，怎么还没捞起来呢？""快点！我挂不住啦！挂不住啦！"还有的在上面叫嚷了起来。

老猴子也渐渐腰酸腿疼，他猛地一抬头，只见又大又圆的月亮好好地挂在天上呢。于是他转头对小家伙们说："哎呀，

孩子们，别捞了，你们看，月亮好端端地挂在天上呢！井里面的应该是月亮在水中的倒影。"

"啊，还真的是呢！"大家惊异地说。随后便默默地从树上一个一个下来了。

"孩子们，下次遇到事情先弄清楚状况，别**手忙脚乱**地瞎折腾啊！"老猴子说。

"是啊是啊，累个半死结果是瞎忙活呢！"猴群中连连传出声音附和道。

一二三四五，
金木水火土。
天地分上下，
日月照今古。

义务教育教科书语文一年级节选

科学进阶

光射向物体的表面时，有一部分光会被物体的表面反射回来，这种现象就叫作光的反射。当故事中的猴子们看到水中的倒影时，它们位于水面上方。月亮发出或反射的光从空气到达水面时，被水面反射回空气中，然后进入眼睛，就是猴子们看到的"水中的月亮"了。因此，猴子们在水中看到的月亮倒影是由光的反射造成的。

灵光乍现

想一想：除了科学知识，《小猴子捞月亮》这个故事还告诉我们什么道理？

种柳树

一天，小兔子乖乖偶然路过小熊奔奔家，发现奔奔家旁的小河边栽了一排小柳树，就问奔奔：“你家旁边的柳树好好看啊，是怎么栽的呢？”

奔奔说：“春天来临前，你从老柳树上砍下一些多余的小树枝，再把小树枝砍成一尺多长，然后把它们插进泥土里就可以了。到了春天，它们就会生根发芽，慢慢就长成小柳树啦。"

"原来这么简单呀！谢谢你！"乖乖感慨道，然后就一蹦一跳地回家了。

过了一段时间，栽树的季节到了，乖乖按奔奔说的方法把柳树枝砍成一截一截，栽在自己家门口。树枝栽下十多天后，乖乖觉得她栽种的这排柳树不好看，就把柳树枝一根一根拔了出来，重新在河边栽成圆圈的形状。又过了十多天，乖乖想，这样栽种虽然好看，但柳树长大后太挤了。于是，乖乖又把柳树枝拔

出来，栽成了三角形……

春暖花开，奔奔的小柳树越长越高，而乖乖栽的却没有发芽。乖乖发现奔奔家的柳树又长高了许多后，委屈地说："奔奔，为什么我的柳树没有发芽，你的却越来越高啊？"

乖乖将事情的**来龙去脉**说了后，奔奔严肃地对乖乖说："柳树的生命力十分旺盛，只要有泥土、水分和阳光就会生根发芽，茁壮成长。而你事先没有计划，反复移栽，柳树再有生命力，也经不起反反复复折腾啊！"

乖乖低着头说以后再不会这样了。

云对雨,

雪对风。

花对树,

鸟对虫。

山清对水秀,

柳绿对桃红。

义务教育教科书语文一年级节选

科学进阶

柳树是杨柳科柳属乔木植物。枝圆柱形,无顶芽,叶通常狭而长,多为披针形。花期2～3月,果期3～4月。柳树原产中国,以中国黄河流域为栽培中心,东北平原、黄土高原等均有栽培。柳树生性强健,耐寒也耐热、耐旱,且极耐潮湿。柳树的繁殖方式为扦插繁殖。

灵光乍现

想一想:《种柳树》里面的小兔乖乖为什么没有成功栽种出柳树呢?

大鹅不好惹

大鹅一家和小鸡一家是很多年的邻居，两家经常相约出游，平时也**互帮互助**，相处得十分融洽。这天，鸡妈妈要出门办事，临走时委托大鹅妈妈帮忙照看一下家里的小鸡。大鹅妈妈拍着胸脯对鸡妈妈说："你放心好了，小鸡不会有什么事的！"听了这话，鸡妈妈安心地出门了。但是，鸡妈妈不知道的是，狡猾的狐狸早就在家附近蹲守了

好几天，就等着鸡妈妈出门以后，把小鸡抓走，饱餐一顿。

大鹅妈妈看了一眼正在玩耍的小鸡们，想着先回家拿个东西就过来，应该没什么大问题。而狡猾的狐狸等的就是这一刻。他趁大鹅妈妈回家的间隙，**偷偷摸摸**地溜到小鸡家的屋后。狐狸透过窗户看见在家里玩耍的小鸡，馋得口水都要流下来了。

正当狐狸准备进门抓小鸡时，

大鹅妈妈回来了。她发现了**张牙舞爪**的狐狸后，立马警觉了起来。这时，小鸡们被狐狸那双尖锐的爪子吓得心里发慌，抱在一起**一动不动**。

狐狸看见大鹅发现了自己，丝毫不害怕，反而得意地说："嘿，大鹅也来了，那我今天就加餐！"

"是吗？那也要看你有没有这个本事！"大鹅妈妈恶狠狠地盯着狐狸，然后仰着脖子大声地叫了起来。不一会儿，大鹅爸爸和大鹅哥哥、大鹅弟弟就急忙赶了过来。

大鹅一家见状都扬起了脖子，准备和狐狸大战一场。狐狸也不是吃素的，瞬间就把爪子对准了大鹅一家，他心想，就几只鹅，我还怕了他们不成。可没想到，还没等狐狸发起进攻，大鹅爸爸就一个箭步冲了过来，用他锐利的喙，刺向了狐狸。大鹅妈妈也紧跟其后，用嘴部锯齿般的牙齿咬住狐狸的胳膊。狐狸瞬间痛得大叫了起来。小鸡们见到大鹅一家的英勇，也不再害怕了。

这时，强壮的大鹅哥哥和大鹅爸爸堵住了狐狸前后的路，大鹅弟弟趁机啄向了狐狸的脚，狐狸痛得跳了起来。他完全没想到这群看起来没有攻击力的鹅居然这么凶猛。刚好在大鹅妈妈和大鹅爸爸的中间还有一点空间，狡猾的狐狸看准时机就溜了。

"可恶，竟然让他跑了！"大鹅哥哥生气得直跺脚。

"没事，谅他也没有胆再来偷袭了。我们先看看小鸡们有没有什么事。"大鹅妈妈说。

"你们怎么样？"大鹅爸爸问。

"我们没事，大鹅爸爸你们好厉害啊！"小鸡们满眼崇拜地看着大鹅一家说。

"哈哈，是啊，我们大鹅可不是好惹的，以后再遇到什么危险，一定要大声

呼救，我们听到就会赶来救你们的！"
大鹅哥哥关心地说着。

"好！"小鸡们乖巧地回答。

等到鸡妈妈回到家里，小鸡们把
今天惊险的经历告诉了鸡妈妈，可把
鸡妈妈吓坏了。鸡妈妈教育小鸡们说：
"以后你们还是要多多观察周围的环
境。狐狸是很狡猾的，今天要不是大鹅
一家在，你们可就危险了！"

"知道了，妈妈，不过我
跟你说，大鹅一家真的好厉
害……"小鸡们还在不停地
诉说着大鹅一家的
英勇战斗。

咏 鹅

[唐]骆宾王

鹅，鹅，鹅，

曲项向天歌。

白毛浮绿水，

红掌拨清波。

义务教育教科书语文一年级节选

鹅是一种群居动物，常结成一群或一队，互相有较强的认同感。鹅有很强的领地意识和攻击性，对于陌生人或入侵者会产生警觉，并发出嘹亮的叫声以示警告。当感到自己或群体的领地受到威胁时，鹅会立刻发动攻击以保卫领地和群体。它们通常会直接攻击其他生物，包括人类，所以有些农民家里会养一只鹅来看家护院。

灵光乍现

想一想：除了战斗力很强，大鹅还有什么神奇的技能呢？

勤劳的小喜鹊

qín láo de xiǎo xǐ què

喜鹊是月光森林里出了名的勤劳
xǐ què shì yuè guāng sēn lín lǐ chū le míng de qín láo

小能手，每天忙着在大树上筑巢，
xiǎo néng shǒu měi tiān máng zhe zài dà shù shàng zhù cháo

只为给还没出生的小喜鹊一个温暖的
zhǐ wèi gěi hái méi chū shēng de xiǎo xǐ què yí gè wēn nuǎn de

家。这时，一只杜鹃鸟落在了大树的枝头，看着喜鹊忙碌的身影，**得意扬扬**地说："筑巢多麻烦啊？飞来飞去，又衔草，又衔泥。看看我们杜鹃没有巢，生活过得也不错嘛！"

喜鹊嘴里正衔着一根小树枝，对杜鹃说的话，只当作没听见。她把嘴里的小树枝放在巢上，仔细调整好，又用爪子使劲踩了踩，直到自己认为

牢固，才飞走。杜鹃见状也飞走了。

一天，天空突然刮起了一阵狂

风。狂风把喜鹊筑的巢，吹得七零八

落。喜鹊看着只剩一个架子的巢，心

里有些难过。这时，杜鹃鸟又飞了过

来，落在喜鹊身边幸灾乐祸地说："我

早就说了吧，这下白忙活了吧！"

杜鹃接着又说："喜鹊妹妹啊，你

就别再想筑巢的事了。你还是像我一

样，飞到哪里，就把哪里当作家吧。"

"我可不像你，不筑巢，只想坐

享其成。"喜鹊瞪了杜鹃一眼说，"虽

然看着自己辛勤劳动的成果被大风吹

落了，心里的确很难过，但是我不能

因为巢被大风吹落了，就放弃给我的

孩子一个温暖的家。"

杜鹃尴尬地问："你还要筑巢？

万一再被大风吹了，不是又白费功夫

了吗？"

喜鹊说："如果怕大风吹，就不筑

巢，那就永远体会不到筑巢成功带

来的喜悦！"说完，喜鹊又飞了出去。

过了些日子，喜鹊的小宝宝终于

出生了。喜鹊每天都忙着给自己的宝宝找食物。这天，她正在外面找食物，突然听见一阵哭声，循着声音找了过去，一看竟然是杜鹃鸟。

"你怎么了？"喜鹊问。

"呜呜，我把我的蛋放在画眉鸟的巢里，谁知竟被画眉鸟发现了，她把我的蛋从树上摔下去了。"杜鹃哭着说。

"什么？你为什么要这么做

啊？"喜鹊一脸**难以置信**。

"都怪我没有筑巢，那天我的宝宝就快出生了，我也来不及筑巢了，刚好画眉鸟不在家，我就把蛋产在了她的鸟巢里面。"杜鹃伤心极了。

"唉，早知如此，何必当初啊，你以后还是早点准备筑巢吧！"喜鹊说。

"我真后悔没有像你一样好好筑巢，不然我的宝宝也不会被踹下去了。"杜鹃难过地低着头。

"你现在明白也不迟。"喜鹊无奈地对杜鹃说。

小剪刀，手中拿，我学奶奶剪窗花。

剪雪花，剪梅花，剪对喜鹊叫喳喳。

剪只鸡，剪只鸭，剪条鲤鱼摇尾巴。

大红鲤鱼谁来抱？哦！再剪一个胖娃娃。

义务教育教科书语文一年级节选

科学进阶

喜鹊繁殖开始较早，一般在 3 月初开始筑巢繁殖，一直持续到 5 月。通常筑巢在松树、杨树、柳树等高大乔木上，筑巢由雌雄鸟共同承担。巢主要由枯树枝构成，远看似一堆乱枝，实则较为精巧，近似球形，有顶盖，外层为枯树枝，间杂有杂草和泥土，内层为细的枝条和泥土，内垫有麻、纤维、草根、苔藓、兽毛和羽毛等柔软物质。

而杜鹃从不筑巢，会将蛋产在大约 125 种鸟类，比如麻雀、画眉、灰喜鹊等的巢穴中。

灵光乍现

你怎么看待杜鹃不筑巢的行为呢？

大家真奇怪

dīng dōng sēn lín kāi le yì jiā yòu ér yuán　hěn duō
叮咚森林开了一家幼儿园，很多

xiǎo dòng wù dōu zài zhè lǐ shàng xué
小动物都在这里上学。

xiǎo tù zi jīn tiān shì dì yī cì lái yòu ér yuán　duì
小兔子今天是第一次来幼儿园，对

yòu ér yuán lǐ de yí qiè shì wù dōu tè bié hào qí　hěn
幼儿园里的一切事物都特别好奇。很

kuài　wǔ xiū shí jiān dào le　dà jiā dōu jìn rù le tián měi
快，午休时间到了，大家都进入了甜美

de mèng xiāng　zhǐ yǒu xiǎo tù zi hái huó bèng luàn tiào de
的梦乡。只有小兔子还活蹦乱跳的，

29

怎么也睡不着。

她一会儿左看看，一会儿右看看。突然，她两眼放光，好像看到了什么奇怪的东西。原来，她看见小马居然是站着睡觉的。她好奇地问：

"小马哥哥，你怎么是站着睡觉的呀？"

小马小声地回答说："嘘，大家都睡着了。悄悄告诉你，我站着睡觉是为了及时防御敌人。一旦遇到狮子、老

hǔ zhè xiē měng shòu tōu xí, wǒ kě yǐ lì jí bēn pǎo
虎这些猛兽偷袭，我可以立即奔跑。

hēi hēi, zhàn zhe shuì jiào kě shì mǎ zú de yí dà tè jì
嘿嘿，站着睡觉可是马族的一大特技

ne。" xiǎo tù zi xiàn mù de diǎn dian tóu
呢。"小兔子羡慕地点点头。

zhī hòu, xiǎo tù zi yòu tái tóu kàn le kàn, fā xiàn
之后，小兔子又抬头看了看，发现

le zhàn lì zài shù zhī shàng shuì de zhèng xiāng de xiǎo niǎo,
了站立在树枝上睡得正香的小鸟，

tā biàn qiāo qiāo de lái dào xiǎo shù xià, qīng shēng wèn：
她便悄悄地来到小树下，轻声问：

"xiǎo niǎo mèi mei, nǐ zěn me zhàn zài shù zhī shàng shuì jiào
"小鸟妹妹，你怎么站在树枝上睡觉

ya？ nǐ bú pà shuāi xià lái ma？"
呀？你不怕摔下来吗？"

xiǎo niǎo huí dá shuō："méi guān
小鸟回答说："没关

xì de, wǒ men niǎo lèi de
系的，我们鸟类的

shén jīng hé jī ròu guān jié
神经和肌肉关节

de gòu zào shì hěn tè
的构造是很特

shū de, pèi hé de
殊的，配合得

hěn qiǎo miào。 yí rù
很巧妙。一入

睡，爪子便会自动卷曲，牢牢地抓紧树枝，而且可以随着树枝的晃动安然入睡。”

“噢，原来是这样！”

忽然，小兔子又发现倒挂在树枝上睡觉的蝙蝠，赶紧问：“蝙蝠姐姐，你为什么倒挂在树枝上睡觉呢？”

蝙蝠看见小兔子很吃惊的样子，回答说：“我倒挂在树枝上睡觉，是万一遇到危险时可以立即展翅飞走呀。”

小兔子惊讶不已。她又悄悄地来到小河边，看见小鱼一动不动地睁着眼睛躺在那里。“小鱼弟弟，你的眼睛睁得大大的，是不是也睡不着呀？”

32

xiǎo yú hā hā dà xiào　　　wǒ zhēng zhe yǎn jing shuì jiào
小鱼哈哈大笑："我睁着眼睛睡觉

shì yīn wèi wǒ méi yǒu yǎn pí
是因为我没有眼皮。"

　　　xiǎo tù zi　　nǐ zěn me bú shuì
"小兔子，你怎么不睡

jiào　　xiǎo sōng shǔ bèi xiǎo tù zi chǎo
觉？"小松鼠被小兔子吵

xǐng le　　xiǎo tù zi yě hěn
醒了。小兔子也很

kǔ nǎo　　tā zhī dào zì
苦恼，她知道自

jǐ tiān shēng dǎn zi
己天生胆子

xiǎo　　yǒu diǎn fēng chuī
小，有点风吹

cǎo dòng　　jiù huì lì jí cóng shuì
草动，就会立即从睡

mèng zhōng jīng xǐng　　tā zhǎ le zhǎ yǎn jing　　wàng le wàng
梦中惊醒。她眨了眨眼睛，望了望

xiǎo sōng shǔ
小松鼠。

　　　guài bu de nǐ de yǎn jing měi tiān dōu hóng hóng de
"怪不得你的眼睛每天都红红的

ne　　yuán lái nǐ bú shuì jiào　　kuài shuì huìr　　ba　　xià
呢，原来你不睡觉！快睡会儿吧，下

wǔ hái yǒu huó dòng ne　　xiǎo sōng shǔ shuō
午还有活动呢。"小松鼠说。

课本联通

谁会跑？

马会跑。

马儿怎样跑？

四脚腾空仰天叫。

义务教育教科书语文一年级节选

科学进阶

小动物的睡觉姿势有很多种，其中猫、狗、老虎等动物会趴着睡觉；猫头鹰、鱼、变色龙等动物会睁眼睡觉；羊、鹿等动物则会弯曲前腿，跪着睡觉；马、丹顶鹤等动物会站着睡觉；蛇则是盘着睡觉。

灵光乍现

想一想：为什么动物睡觉的姿势各不相同呢？

肥皂的传说

传说古罗马时期，一次隆重的祭神节日期间，国王下令要在全国举行盛大的宴会。这场宴会需要准备非常多的菜，因此备菜十分麻烦。厨师们每天都忙得团团转，不敢有一丝懈怠。

由于需要准备的菜实在太多，所以这次厨房新增了不少帮厨。其中，有一个小帮厨，刚到没多久，就跟着师傅们从早忙到晚，累得头昏眼花，也不敢坐下来休息一下。

这天，小帮厨正忙得不可开交，突然听见一个厨师在喊："猪油不够用了，快给我送过来！"小帮厨赶紧从另一边倒了一碗猪油走过去。也许是小帮厨太累了，他一不小心踩到了掉在地上的菜叶子，加上装猪油的碗很滑，只听"啪"的一声，碗从他手中滑落，掉在了灶边的炭灰里。他吓呆了，站在那里不知所措。

幸好那位厨师没有责怪他，而是悄悄地对他说："别慌，赶紧把破碗扔出去，再把这堆炭灰清理掉，然后把手洗干净，别让人看出来就行。"小帮厨点点头，赶紧照做了。

清理完后，他赶紧去洗手。这时，令人意想不到的事情发生了。他用水洗手的时候，手上竟然出现一些白乎乎的泛着泡沫的东西。小帮厨十分疑惑，又用水冲了冲，这回洗过的手特别干净，没有一丝油腻。他赶忙给师傅看他的手，师傅也很惊讶。

以往，厨师们最头疼的事，就是做完菜后一双手油腻腻的洗不干净。而现在，小帮厨的手不仅清清爽爽，好像还泛着一种特别的白光。别的厨师看见了，也很好奇，便问了原因。于是，大家都试着用猪油和炭灰的混合物来洗手。真神奇，平时怎么也洗不干净的油渍无影无踪了。

后来，这件事传到了国王那里，国王特地叫来小帮厨演示全过程。国王看到小帮

厨的手也感到很惊奇，便派人用猪油

和炭灰做成一个个小小的球状体，

供大家使用，效果居然真的很不错。

国王非常满意，就下令在全国推广

使用这种混合物。从此，每个人的手

都能洗得干干净净了。

渐渐地，这件事越传越远，用猪

油和炭灰洗手的人也越来越多。直到后

来，科学家才发现了其中的奥秘，并

且不断改进制作技术。就这样，方便

又实用的肥皂诞生了。

排着队，向前走，

做什么？去洗手。

肥皂用来搓搓手，

清水帮我冲冲手，

毛巾给我擦擦手。

义务教育教科书语文一年级节选

科学进阶

肥皂是脂肪酸金属盐的总称。中国人很早就知道利用草木灰和天然碱洗涤衣服，人们还把猪胰腺、猪油与天然碱混合制成块，称"胰子"。早期的肥皂是奢侈品，直至1791年法国化学家卢布兰用电解食盐的方法制取火碱成功，才结束了从草木灰中制取碱的古老方法。19世纪末，制皂由手工作坊生产最终转为机器化生产。

灵光乍现

你还对哪些日常生活中常见的物品来历感兴趣呢？查一查资料，试着解答疑惑。

伤心的小松鼠

小松鼠奇奇和小猴子皮皮是好朋友,他们一起住在大树爷爷的肩膀上。奇奇把捡来的松子藏在大树爷爷的脚下,皮皮在大树爷爷的肩膀上跑来跑去。

一天,奇奇和皮皮正在树上野餐,奇奇抬头看着树叶,发现有些树叶已经变色了。奇奇问大树爷爷:"爷爷,你的叶子为什么会变色呢?"

dà shù yé ye xiào zhe
大树爷爷笑着

shuō   qiū tiān hěn lěng   wǒ yǐ jīng
说："秋天很冷，我已经

bú zài zhì zào yè lǜ sù le   méi yǒu yè lǜ
不再制造叶绿素了。没有叶绿

sù   yè zi de lǜ sè zì rán jiù xiāo shī le
素，叶子的绿色自然就消失了。"

qí qi tīng le shāng xīn de shuō   nà yè zi
奇奇听了伤心地说："那叶子

de lǜ sè xiāo shī le   shì bú shì shuō míng dà shù
的绿色消失了，是不是说明大树

yé ye nín kuài bù xíng le   wǒ bú yào dà shù yé
爷爷您快不行了？我不要大树爷

ye lí kāi wǒ
爷离开我。"

dà shù yé ye xiào zhe shuō   yé ye jiàn
大树爷爷笑着说："爷爷健

kāng zhe ne   suī rán yè lǜ sù zàn shí biàn shǎo
康着呢。虽然叶绿素暂时变少

le   kě shì yè
了，可是叶

zi zhōng hái yǒu
子中还有

yè huáng sù
叶黄素、

hú luó bo sù děng
胡萝卜素等，

43

这些会让叶子变成黄色、红色等。

而且，等到下一个春天，我又会长出

许多绿色的叶子。"

"可是，这么多叶子都在往下掉

啊！"奇奇说。

"傻奇奇，这是树叶为了保护大树

爷爷才一直往下掉！"皮皮解释道。

"是的，皮皮说的没错。"大树爷

爷回应说。

"真的是这样吗？它们离开你居

然还能保护你，这是为什么啊？"奇奇

好奇地追问起来。

"秋天来了，气温也随之下降

了。我们树木和你们动物不一样，我

men méi yǒu pí máo　　yě méi yǒu
们没有皮毛，也没有

yī fu　　wèi le fáng hán　　zhǐ
衣服。为了防寒，只

hǎo jiǎn shǎo shuǐ fèn hé yǎng fèn
好减少水分和养分

de xiāo hào　　cái néng
的消耗，才能

ān quán tǐng guò dōng
安全挺过冬

tiān　　yè zi men lí
天。叶子们离

kāi wǒ　　jiù shì wèi le jiǎn
开我，就是为了减

shǎo xiāo hào　　ràng wǒ néng ān quán dù guò dōng tiān ya
少消耗，让我能安全度过冬天呀。"

dà shù yé ye nài xīn de shuō
大树爷爷耐心地说。

yuán lái shì zhè yàng　　wèi le dà shù yé ye néng
"原来是这样，为了大树爷爷能

gòu ān quán dù guò dōng tiān gān yuàn fèng xiàn chū zì jǐ
够安全度过冬天甘愿奉献出自己，

shù yè zhēn wěi dà　　qí qi gǎn dòng de shuō
树叶真伟大。"奇奇感动地说。

shì a　　qí qi　　wǒ men bāng shù yè wán chéng
"是啊，奇奇，我们帮树叶完成

yuàn wàng ba　　pí pi xìng gāo cǎi liè de shuō
愿望吧！"皮皮兴高采烈地说。

zěn me bāng a　　　qí qi wèn
"怎么帮啊？"奇奇问。

wǒ men bǎ shù yè sǎo zài yì qǐ　　duī
"我们把树叶扫在一起，堆

zài dà shù yé ye de jiǎo xià　　zhè yàng dà shù
在大树爷爷的脚下，这样大树

yé ye dōng tiān jiù huì gèng nuǎn huo　　děng chūn tiān
爷爷冬天就会更暖和，等春天

lái de shí hou　　tā men hái néng biàn chéng yǎng
来的时候，它们还能变成养

liào　　ràng dà shù yé ye zhǎng chū gèng duō xīn yè
料，让大树爷爷长出更多新叶

zi ne　　pí pi shuō
子呢！"皮皮说。

hǎo a　　shuō zhe　　qí qi hé pí
"好啊！"说着，奇奇和皮

pí ná qǐ sào zhou máng huo le qǐ lái　　huáng huáng
皮拿起扫帚忙活了起来。黄黄

de shù yè duī chéng yì tuán　　hǎo
的树叶堆成一团，好

kàn jí le
看极了。

天气凉了，树叶黄了，一片片叶子从树上落下来。

义务教育教科书语文一年级节选

科学进阶

树叶的颜色由树叶中的色素决定，这些色素有叶绿素、胡萝卜素、叶黄素和花青素等。秋季到来，白天时间变短，气温逐渐转凉，叶子产生的叶绿素就会越来越少，于是树叶变成黄色、红色等。而树叶的飘落是树木在冬天来临前自我保护的一种方式。树木落叶可以调节体内的平衡，减少养分的损耗。

灵光乍现

想一想：为什么有的树木秋天不掉叶子，而且叶子仍是绿色的呢？

荷花的秘密武器 ⏰

在美丽的花园里有一座荷花池，池子里的荷叶密密麻麻地生长着，宛如一个个碧绿的大圆盘。一阵大雨过后，荷叶上挂满了许许多多的水珠，太阳公公一露出笑脸，那些小水珠马上变得晶莹剔透，闪烁着耀眼的光芒。微风吹过，荷叶上的水珠就如同断了线的珍珠一样，一个接一个地滚入水中，好看极了！

在这大片大片的翠绿色中，一枝
枝**亭亭玉立**的荷花，如同一个又一个
身披轻纱的妙龄仙子，清新而娇艳。
在微风的吹拂下仙子们展开花瓣摇曳
着，犹如轻烟漫舞。

一只小青蛙被荷花的美丽惊到
了，他鼓起了又大又圆的肚皮，"呱呱
呱"地唱起了歌。

"小青蛙！荷塘这么安静，你在
唱什么呢？"小蜻蜓略带责怪地问。

小青蛙还在
"呱呱呱"地唱着
歌，他唱得非常投
入，根本没注意到小蜻蜓在问他。

小蜻蜓生气地飞到小青蛙耳朵边，大声地喊了起来："小青蛙！你在唱什么呢？"

小青蛙这才反应过来小蜻蜓在和他说话，他急忙解释说："我只想用我的歌声来赞美荷花，因为她实在太艳丽了。"

荷花听了小青蛙的盛情赞美，有些不好意思地低着脑袋。

"你为什么现在才觉得荷花艳丽呢？她不是年年都在这里开着吗？"小蜻蜓疑惑地问。

"可能是我日

常闻到的都是臭味，荷花开放后，才觉得有一股清香袭来。"小青蛙说。

"是的，有时候散发着难闻的烂泥味。"小蜻蜓回答。

"那就对了。你想想，荷花居然就开在这烂泥里，还开得那么美，那么自在，难道不值得赞美吗？"小青蛙激动地说。

"你说的没错，而且荷花还散发着淡淡清香，完全没有烂泥的味道，好神奇啊！"小蜻蜓感慨道。

"不过，这是为什么呢？为什么荷花能出淤泥而不染呢？"

"那就得问我们的荷花小仙子了。"小青蛙转头看着荷花神秘地说。

"哎呀，我也没有你们说的那么厉害啦，不过我确实有秘密武器哟！"荷花娇羞地说。

"什么秘密武器啊？"小蜻蜓已经迫不及待想知道答案了。

"在我们的花瓣外面有一层不容易看出来的蜡质，而且我们还有许多小突起，这些小突起能帮助我们清洁。"荷花解释说。

"哇，好神奇啊，我都没注意到。"小蜻蜓和小青蛙同时说。

"蜡质结晶与水不相融，所以有

shí hou jí shǐ yǒu shǎo liàng de wū ní fù zhuó zài wǒ men shēn
时候即使有少量的污泥附着在我们身

shàng zhǐ yào yǒu gǔn dòng de shuǐ zhū jiù néng bǎ wū ní
上，只要有滚动的水珠，就能把污泥

dài zǒu dá dào zì wǒ jié jìng de xiào guǒ ne hé huā
带走，达到自我洁净的效果呢！"荷花

yòu jiē zhe shuō
又接着说。

nán guài ne zhēn xiàn mù nǐ yǒu mì mì wǔ
"难怪呢，真美慕你有秘密武

qì xiǎo qīng tíng shuō
器！"小蜻蜓说。

zhè méi shén me la xiǎo
"这没什么啦，小

qīng tíng nǐ yě yǒu nǐ zì jǐ de mì
蜻蜓你也有你自己的秘

mì wǔ qì ya hé huā duì xiǎo
密武器呀。"荷花对小

qīng tíng wēi xiào zhe shuō
蜻蜓微笑着说。

“我哪里有什么秘密武器啦。”小蜻蜓憨憨地摇晃着脑袋，笑着说。

“不对啊，小蜻蜓你捉蚊子的本领可比我强哟！”小青蛙说。

“是的，我们都有自己的本领和秘密武器呢！”荷花笑着说。

的确，世间万物各有所长，各有所美。竹有竹的秀丽，松有松的壮美，柳有柳的潇洒，无须羡慕他人，而要时刻谨记自己就是最棒的。

江南可采莲，

莲叶何田田。

鱼戏莲叶间。

义务教育教科书语文一年级节选

科学进阶

　　荷花之所以出淤泥而不染，是因为它具有自洁功能，其花瓣表面非常细致，即使放大千百倍也看不到细孔。荷花花瓣的表面结构与粗糙度皆以纳米计算，十分微小，可使自身达到不沾水的状态，所以灰尘、泥巴都无法吸附在其表面，污垢会自然随水滴从表面滑落。

灵光乍现

　　想一想：还有哪些花也有"秘密武器"呢？查一查资料，试着解答疑惑。

雪花惹的祸

"下雪啦！下雪啦！"早晨一醒来，小羊丽丽就看见窗外的天空飘下来大片的雪花，丽丽高兴得手舞足蹈。没一会儿她就兴冲冲地跑出房间，来到小猫妙妙家里。

"妙妙，快出来，外面下雪啦！"丽丽兴奋地在妙妙家门外喊了起来。

"怎么了？丽丽。"妙妙一边揉着

56

眼睛一边问。但是当注意到外面雪花飘落的时候，妙妙顿时醒过神来。

"下雪啦，我们可以堆雪人、打雪仗啦！"妙妙**蹦蹦跳跳**地说。

"是啊，我们已经好久没有堆雪人了呢。"丽丽也满眼欢喜地回答妙妙，

"不过你还穿着睡衣，你赶紧换身衣服，我们一起去玩吧。"

"好，那你先在屋里坐着，我马上就好。"妙妙对丽丽说。

丽丽便坐在房间里等妙妙，她的身上还有不少雪花没抖落干净，是来妙妙家路上飘落在身上的。

过了一会儿，妙妙从房间走了出来，她发现丽丽的白衣裳变黑了，便问："你的衣服怎么这么脏了？"

"啊？怎么会这样，这是我今天才换上的干净衣服啊？"丽丽这才发

现出门前换上的干干净净的白衣服都快变成黑衣服了。

"你是不是出门在哪里蹭到了?"妙妙问。

"没有啊,我换好衣服就来你家了,只是有一些雪花飘在了身上而已。"丽丽说。

这时,妙妙爸爸走出来说:"这很正常,就是雪花惹的呀!"

"雪花惹的？"丽丽疑惑地问。

"别看雪花白花花的，实际上啊，雪花很脏的。"妙妙爸爸说。

"怎么会呢？雪花明明那么**洁白无瑕**。"妙妙更加疑惑了。

"你还不信，你现在拿一个碗，装一点干干净净的雪花进来，放在炉子上烤，你就知道了。"妙妙爸爸回答道。

"好吧，那我试试。"说着，妙妙就去屋外装了一碗满满的雪花，然后放到火炉上，

60

烤了没一会儿，雪花就化成了水。丽丽和妙妙一看，都呆住了。碗里的水真的特别脏。

"这下你们信了吧。"妙妙爸爸说。

"妙妙爸爸，你快说说吧，这是为什么呀？"丽丽有些着急地问。

"物体之所以呈白色，是因为其将所有可见光均匀反射回来了。而雪花的组成是冰晶，有许多反射面，能充分地将光线反射回来，所以我们看到的雪花是纯白的。但雪花在降落过程中，会将空气中的一些粉尘、碎屑吸附到上面。雪化后会以液化和升华的方式变成水或水蒸气，而粉尘就被留下来，所以看起来变脏了。"妙妙爸爸细心地解说着。

"我知道了，丽丽从屋外进来后，落在身上的雪因为温度升高而逐渐升华，就只剩下脏东西了，所以衣服看起来才那么脏。"妙妙惊喜地说。

"对，而且一个地区环境污染越严重，空气中的脏东西就越多，落下的雪也就越脏。有些污染严重的地区，雪都变色了呢！"妙妙爸爸补充说。

"啊，看来我们得好好保护环境，让雪花不仅飘落时干净，融化了也一样干净！"丽丽坚定地说。

雪人大肚子一挺,

他顽皮地说:

"我就是冬天。"

义务教育教科书语文一年级节选

科学进阶

　　雪的形成需要两个重要的条件:一个是水汽饱和,另一个是空气里必须有凝结核。凝结核通常是一些悬浮在空中的很微小的固体微粒。而雪花在降落过程中,也会吸附一些空气中的粉尘、碎屑。等到雪化后,那些粉尘和固体颗粒就留下来,所以显得特别脏。一般空气质量越好的地区,雪花融化后的水会越干净。

灵光乍现

　　想一想:常见的雪花是什么形状的?雪花还有其他的形状吗?

小兔被嫌弃了

小白兔有着一对长长的耳朵，雪白又柔软的毛，还有红红的眼睛和迷你的小尾巴，可爱极了。小伙伴们都很喜欢小白兔，但是情况在某一天突然发生了变化。

小白兔之前一直对胡萝卜**爱不释手**，但是最近却疯狂地迷上了吃白萝卜。

在一次小伙伴们的

64

聚会上，小白兔也不知道怎么回事连连放屁，把大家都熏得**晕头转向**。

"小白兔，你怎么回事啊，快把我臭死了。"小猴子生气地说。

"就是啊，看着这么可爱，怎么这么臭呢？"又有一个小伙伴跳出来说。

"你们怎么回事？怎么这么一点小事就对小伙伴**大呼小叫**？"小猫站出来维护小白兔说。

"这是小事吗？你看她都放个不停，严重影响我们聚会的心情。"说完，小马就**扬长而去**了。

过了没一会儿，又走了几个小伙

伴。看着本来还很开心热闹的聚会因为自己而变成这样，小白兔哭了。

"哎呀，你别哭啊，小白兔。你要不然去看看医生？也许是吃坏肚子了。"小猫试探着说。

小白兔停止了哭泣，心想：确实，我应该先去医生那里问清楚才是。于是，她转头对小猫说："谢谢你不嫌弃我，我现在就回家叫我妈妈和我一起去看医生。"

"哎呀，这有什么的，你有什么问题随时和我说，我们是好朋友呀！好朋友之间才不会互相嫌弃呢！"小猫笑着说。

小白兔回到家，就把今天聚会上发生的事情告诉了兔妈妈。兔妈妈听后**哈哈大笑**了起来。

"妈妈，你还笑啊，我都被小伙伴们嫌弃了。你还是带我去看看医生吧。"小白兔委屈得都快哭了。

"哎呀，我的傻孩子，你这就是萝卜吃多了，哪里需要看医生啊？"兔妈妈摸着小白兔的小脑袋温柔地说。

"萝卜吃多了？可是萝卜怎么会让我一直放屁呢？我平时

也吃了很多萝卜，却没有这样啊。"小白兔不明白。

"因为你最近吃太多白萝卜啦，白萝卜里面含有的淀粉酶和木质素会疏理肠道里的气体，所以吃多了会放屁，而且有特殊臭气。"兔妈妈耐心地解释着。

"原来是这样，可是我真的很喜欢吃白萝卜。"小白兔说。

"但是，妈妈要和你说的是，再怎么喜欢也不可以天天吃，吃太多会拉肚子的。"兔妈妈严肃地对小白兔说。

"好吧，我知道了，以后我多注意。"小白兔低着头说。

老公公种了一个萝卜。萝卜长大了,老公公去地里拔萝卜。

老公公拉着萝卜叶子,"嗨哟!嗨哟!"拔呀拔,拔不动。

义务教育教科书语文一年级节选

科学进阶

白萝卜中含有淀粉酶和木质素,其中淀粉酶具有分解食物的作用,能够让食物尽快分解,在分解的过程中会产生气体,表现为排气。而木质素具有疏理肠道气体的作用,能够促进肠道蠕动。吃白萝卜爱排气属于生理现象,是肠道蠕动引起的反应,在白萝卜被人体代谢后自然会消失。但是切记不可食用过量,否则可能引起胀气和腹泻。

灵光乍现

你最喜欢吃什么蔬菜呢?你知道它有什么益处吗?

贪吃的小松鼠

在月光森林里，有一只叫花花的小松鼠。她可厉害了，特别能吃！一般的小松鼠一分钟只能吃十几个松子，可花花却可以吃二十几个。而且花花还在森林举办的"看谁吃得多"大赛中获得了一等奖呢！

这一天，花花妈妈买了几包又大又香的杏仁。花花见了，说："妈妈，这是给我吃的吗？"

70

花花妈妈说："不是，是给外婆和舅妈的。你给她们送去吧，回来会有奖励。"

花花有些不情愿地拿过那几包杏仁，迈步朝着外婆家的方向走去。

刚走了没多远，花花就盯着手上的杏仁，眼睛一动也不动。花花从口袋里掏出一枚硬币，自言自语："要是抛出去，硬币能立起来，我就不吃。"不巧，硬币正好立起来了。

花花又说："一次不算。"于是又扔了一次，这次硬币终于乖乖地躺下了。于是，花花就把杏仁袋

打开，吃了起来，谁知一连吃了十几粒都是苦的，但花花还是**不管不顾**地把杏仁吃了个精光。

吃完后，花花就开始后悔了，心里想：哎呀，这可怎么办才好？这杏仁是送给外婆和舅妈的呀！过了几秒，她突然想到一个好主意：外婆家门前不是有条河吗？嘿嘿，有办法了！

于是，花花就在草地上**心安理得**地玩了起来，等到时间差不多的时候就回家了。

花花妈妈问："杏仁送到了吗？"

huā huā yǒu xiē xīn xū de shuō　　wǒ zǒu dào
花花有些心虚地说："我走到

wài pó jiā mén qián nà tiáo hé shí　　yí bù xiǎo xīn
外婆家门前那条河时，一不小心

shuāi le yì jiāo　　xìng rén jiù diào jìn hé lǐ le
摔了一跤，杏仁就掉进河里了。"

　　zhēn de　　　　huā hua mā ma fǎn wèn
"真的？"花花妈妈反问。

　　zhēn de　　　　huā hua jiǎ zhuāng què yǒu qí shì
"真的。"花花假装确有其事。

　　suí hòu　　huā hua mā ma yòu ná chū yì bāo xìng rén
随后，花花妈妈又拿出一包杏仁

shuō　　suī rán nǐ méi yǒu zhēn de sòng dào　　dàn méi yǒu gōng
说："虽然你没有真的送到，但没有功

láo yě yǒu kǔ láo　　gěi　　nǐ de jiǎng pǐn
劳也有苦劳。给，你的奖品。"

　　zhè kě jiù gān gà le　　huā hua chī le nà jǐ bāo xìng
这可就尴尬了，花花吃了那几包杏

rén　　xiàn zài yǐ jīng hěn bǎo le　　dàn tā méi yǒu bàn fǎ
仁，现在已经很饱了。但她没有办法，

zhǐ néng jì xù chī xià qù　　fǎn zhèng tā yě xǐ huan chī
只能继续吃下去，反正她也喜欢吃。

yú shì　　huā hua jiù bǎ mā ma gěi de xìng rén yě chī le gè
于是，花花就把妈妈给的杏仁也吃了个

jīng guāng　　kě guò le méi yí huìr　　huā hua de dù zi jiù
精光。可过了没一会儿花花的肚子就

kāi shǐ yǐn yǐn zuò tòng le
开始隐隐作痛了。

73

看着花花疼得脸都发白了，花花妈妈可急坏了，忙把在外面工作的花花爸爸叫回来了。花花爸爸刚进门就说："好了，什么都别说了，先带孩子上医院去吧！"花花爸爸二话不说就扛起了花花，往医院赶。

看着躺在床上疼得滚来滚去的花花，花花妈妈心疼极了，哭着说："哎呀，这到底是怎么回事嘛，怎么会突然肚子就疼成这样呢？不会是得了什么严重的病吧？"

"别乱说，等医生来了就知道了。"花花爸爸严厉地说。

"妈妈，对不起，我偷吃了你要我送的杏仁。"花花哭着对妈妈说。

这时，大象医生进来了，对花花的爸爸妈妈说明了情况："花花父母，你们不用太担心，等下给花花打两瓶点滴缓解一下症状就可以了。幸亏你们及时送医，才没有让花花的情况恶化。"

"好，谢谢大象医生。"花花的爸

爸妈妈这才松了一口气。

大象医生又转身弯下腰对病床上的花花说："杏仁呢，虽然很好吃，但还需分辨清楚，如苦杏仁不适合直接食用，因为其含有的苦杏仁苷，可在体内被分解，产生剧毒物质氢氰酸，摄入过量可能会中毒甚至死亡。幸亏你爸爸妈妈把你及时送到了医院，你的症状才没有变严重，以后可千万不能乱吃啊！"

"谢谢医生，我知道了，以后我一定不贪吃了！"花花躺在病床上羞愧地说。

小松鼠问鼹鼠:"这是什么花啊?"鼹鼠说:"这是花生的花。到了秋天,会结花生。花生可好吃啦!"小松鼠很高兴,他想:等花生结了果,我就把它摘下来,留着冬天吃。

义务教育教科书语文一年级节选

科学进阶

松鼠常以榛子、花生、腰果、杏仁等为食。杏仁为蔷薇科落叶乔木植物杏或山杏的种子。杏仁分为甜杏仁和苦杏仁两种。甜杏仁不仅含蛋白质、脂肪、碳水化合物、维生素E等,还含有钙、磷、钾、铁等矿物质,易于被人体吸收。但苦杏仁不适合直接食用,因为其含有的苦杏仁苷,可在体内被分解,产生剧毒物质氢氰酸,过量食用会引起中毒甚至死亡。

灵光乍现

你知道还有哪些食物吃多了会中毒吗?为什么会导致中毒呢?

会跑的影子
huì pǎo de yǐng zi

早晨，太阳公公从东边的山
zǎo chen　　tài yáng gōng gong cóng dōng biān de shān

上缓缓升起，沉睡在黑暗中的森林
shàng huǎn huǎn shēng qǐ　　chén shuì zài hēi àn zhōng de sēn lín

一下子就被点亮了，焕发着生机。
yí xià zi jiù bèi diǎn liàng le　　huàn fā zhe shēng jī

小鹿起了一个大早，正在森林的小
xiǎo lù qǐ le yí gè dà zǎo　　zhèng zài sēn lín de xiǎo

路上一蹦一跳的。太阳从小鹿的右
lù shàng yí bèng yí tiào de　　tài yáng cóng xiǎo lù de yòu

边照着他，小鹿的左边
biān zhào zhe tā　　xiǎo lù de zuǒ biān

就投射出了一个大
jiù tóu shè chū le yí gè dà

大的影子。小鹿跳，
dà de yǐng zi　　xiǎo lù tiào

影子也跳。小鹿追蜻
yǐng zi yě tiào　　xiǎo lù zhuī qīng

78

蜓，影子也追蜻蜓。

"真讨厌，怎么我做什么你也做什么。"小鹿不高兴地冲着影子大喊。

为了甩掉影子，小鹿跑了起来。但没想到，影子一直跟着他，没离开过一秒。小鹿跑累了，冲着影子大喊道："你怎么这么能跑，比我还能跑，我**甘拜下风**。"

这时，太阳也越升越高，从斜着的东方，一点点往天空的正中央爬。影子却变得越来越短，当太阳升到最顶头的时候，影子缩在小鹿的脚底下，**颤颤巍巍**的，好像随时

要消失一样。等到下午，太阳慢慢地往西边滑下去，从小鹿的头顶跑到小鹿的左边。影子也从小鹿的脚底下探出身子来。小鹿也渐渐习惯了影子的存在。

然而当太阳逐渐移动到山那边的时候，影子却不见了。这可把小鹿急坏了，急忙跑回家找妈妈。

小鹿妈妈听了小鹿的话，顿时开怀大笑了起来。"你再等等，等下影子

yòu huì chū lái　　gēn zhe nǐ le
又会出来，跟着你了。”

guǒ rán　　dāng yuè liang zài　yè kōng zhōng shēng qǐ de
果然，当月亮在夜空中升起的

shí hou　xiǎo lù de yǐng zi yòu chū xiàn le　　xiǎo lù mā
时候，小鹿的影子又出现了。小鹿妈

ma zǒu le guò lái　　mō zhe xiǎo lù de tóu shuō　　shǎ hái
妈走了过来，摸着小鹿的头说："傻孩

zi　　yǐng zi kě shì hěn zhōng chéng de　　nǐ pǎo dào nǎ
子，影子可是很忠诚的，你跑到哪，

tā jiù gēn dào nǎ　　zhǐ yào yǒu guāng de dì fang　　tā jiù
它就跟到哪。只要有光的地方，它就

huì yì zhí péi bàn zhe nǐ
会一直陪伴着你。"

xiǎo lù tīng le mā ma de huà　　sì dǒng fēi dǒng de
小鹿听了妈妈的话，似懂非懂地

diǎn dian tóu
点点头。

影子在左，

影子在右，

影子常常陪着我，

它是我的好朋友。

义务教育教科书语文一年级节选

科学进阶

影子的产生是由于物体遮住了光线。光线是直线传播，不能穿过不透明物体。而光照射到不透明物体上形成的投影就是影子。光线从不同角度照射，产生的影子的形状会不一样。光源的位置也会影响影子的形状。

灵光乍现

试一试，利用家里的灯光和自己的手指玩影子游戏。

bǐ wěi ba
比 尾 巴

　　cóng qián　　yuè guāng sēn lín lǐ yǒu yì zhī fēi cháng
　　从 前， 月 光 森 林 里 有 一 只 非 常

kě ài de xiǎo sōng shǔ　　tā yì shēng xià lái jiù yǒu yì tiáo
可 爱 的 小 松 鼠， 他 一 生 下 来 就 有 一 条

péng sōng de dà wěi ba　　kě shì　　tā yì zhí bù zhī dào
蓬 松 的 大 尾 巴。 可 是， 他 一 直 不 知 道

tā de dà wěi ba yǒu shén me yòng
他 的 大 尾 巴 有 什 么 用。

　　yǒu yì tiān　　yì zhī xiǎo tù zi jīng guò xiǎo sōng shǔ
　　有 一 天， 一 只 小 兔 子 经 过 小 松 鼠

jiā　　xiǎo sōng shǔ kàn jiàn xiǎo tù zi de duǎn wěi ba　　xiàn
家， 小 松 鼠 看 见 小 兔 子 的 短 尾 巴， 羡

mù jí le　　xīn xiǎng　　wǒ de wěi ba yào shi xiàng xiǎo tù
慕 极 了， 心 想： 我 的 尾 巴 要 是 像 小 兔

zi de yí yàng duǎn jiù hǎo le
子 的 一 样 短 就 好 了。

　　yú shì　　xiǎo sōng shǔ cóng shù shàng tiào dào xiǎo tù
　　于 是， 小 松 鼠 从 树 上 跳 到 小 兔

子的面前问：

"小兔子，你的尾巴为什么这么短啊？"

小兔子微微一笑，不屑地说："我要那么长的尾巴干什么？跑起来太碍事了！而且我告诉你，有一只狐狸就是因为拥有长尾巴才被老虎吃掉的。"

小松鼠听了小兔子的话，顿时吓得全身发抖，又想了想：也是啊，我要这条长尾巴有什么用？

小松鼠闷闷不乐地跑回家对妈妈说："妈妈，我觉得我的尾巴没有用，可以剪掉吗？"

“傻孩子，我们的尾巴有很大的用处，你长大后就会知道了。”松鼠妈妈说完就去摘松果了。

小松鼠独自在家，越想越别扭，突然，窗外闪过一个身影。小松鼠出门一看，原来是小猴子。小松鼠大声叫住小猴子说：“哎，小猴子，别走啊，我有问题想问你。”

“怎么了？”小猴子来到了小松鼠的面前。

“你的尾巴这么长，你不觉得碍事吗？”小松鼠说。

“怎么会碍事呢？我可离不开我的长尾巴。”

85

小猴子一脸自豪地说。

"为什么啊？"小松鼠好奇地问。

"我的尾巴作用可大了，既可以平衡我的身体，又可以帮助我在树与树之间攀爬的时候，更加灵活地跳跃。"小猴子说。

"好吧，真羡慕你啊。"小松鼠失落地说。

又过了些日子，小松鼠的尾巴长得更长更蓬

松了，就像红红的火焰。

又一天，小松鼠在树上玩耍时，一只黄鼠狼，悄悄地爬上了树干，嘴里还流着口水。小松鼠一下子**不知所措**，松鼠妈妈也吓坏了，连忙大吼道："快展开尾巴跳下来！"于是，小松鼠迅速展开他那蓬松的大尾巴。他的尾巴就像降落伞一样，让小松鼠快速而安全地落到了地面上。当黄鼠狼爬下树时，小松鼠已经跑得**无影无踪**

了。这是小松鼠第一次感受到了他的尾巴的用处。

第二天，小松鼠出门散步，遇到了小鸡。突然下雨了，小松鼠灵机一动，用尾巴给小鸡遮风挡雨。冬天的时候，大雪纷飞，寒风凛冽，小松鼠躲在家里睡觉。他把尾巴盖在身上，感觉真暖和啊！这回，小松鼠又觉得自己的尾巴像一床厚厚的棉被。

小松鼠终于发现自己的尾巴有许许多多的用处，所以更喜欢自己的尾巴了。

猴子的尾巴长。

兔子的尾巴短。

松鼠的尾巴好像一把伞。

义务教育教科书语文一年级节选

科学进阶

　　兔子的尾巴短，是生存进化的结果。为了能快速地跑和跳，它需要尽可能的轻，长尾巴显然是多余和累赘的。而尾巴对于猴子来说，是猴子生存过程中不可或缺的。猴子灵活地从一棵树跳到另一棵树，也全靠长尾巴来掌握平衡。而小松鼠的尾巴不仅可以用来保持平衡，提供保暖，甚至在危险的时候还可以迷惑敌人。比如当敌人抓住它尾巴的时候，它会将尾巴自行脱落，从而骗过天敌逃生。

灵光乍现

　　你知道人类以前也是有尾巴的吗？现在为什么没有了呢？

小公鸡学唱歌

叮咚森林里住着许多可爱的小动物，有夜莺、百灵鸟、金丝雀等，还有小公鸡一家。

一天，小公鸡的爸爸对他说："孩子，你长大了，现在有一个重要的任务交给你。"

"爸爸，什么任务啊？"小公鸡问。

"我们公鸡一族向来负责每天准时叫

醒整个森林的小动物，现在你长大了，爸爸把这个重担交给你了。"公鸡爸爸**语重心长**地说。

小公鸡听见爸爸要把重担交给自己，并没有很高兴，反而委屈地说："可是爸爸，我不想打鸣，我更想学唱歌。你听，夜莺的歌声那么动听，她们还常常举办音乐会呢！"

公鸡爸爸说："好吧，如果你想学唱歌的话就先学着吧，爸爸还能继续为大家服务一阵子。"

"谢谢爸爸！"于是，小公鸡**高高兴兴**地跟夜莺老师学唱歌去了。

可是，小公鸡总是学不好唱歌，他一张嘴就是"喔喔喔"。森林里的小鸟都嘲笑他。

公鸡爸爸发现小公鸡最近的状态不对劲，便问了起来："小家伙，你怎么啦？"

"我的歌声太难听了，大家都嘲笑我。"小公鸡沮丧地对爸爸说。

"这不是你的问题，我们公鸡的嗓子其实是为打鸣而生的，不会唱歌才正常。"公鸡爸爸安慰道。

"那你为什么不阻止我去学唱歌呢？"小公鸡疑惑不解。

"我要是一开始就禁止你学唱歌，只准你打鸣，你会同意吗？什么事情总要尝试了才知道嘛。"公鸡爸爸温柔地说。

"为打鸣而生是什么意思啊？"小公鸡追问。

"在我们公鸡的体内有一个神奇的器官，叫'松果体'。等到我们成年，这个器官也随之成熟。松果体在黑暗的环境下就会分泌褪黑素，这能让我们记得明和暗的规律，因此天一亮我们就能准确打

鸣。"公鸡爸爸解释道。

"那我是不是以后也能学会这项本领呢？"小公鸡问。

"当然啊！"公鸡爸爸笑着说。

"那我也要和爸爸一样每天早起为大家服务。"小公鸡突然好像意识到自己该学的本领不是唱歌，而是打鸣。从此以后，小公鸡每天早晨都大声地练习打鸣。渐渐地，小公鸡打鸣的声音已经越来越好听，越来越响亮了……

此后，森林里的小动物都对小公鸡打鸣的技能赞不绝口。

公鸡的尾巴弯。

鸭子的尾巴扁。

孔雀的尾巴最好看。

义务教育教科书语文一年级节选

科学进阶

在公鸡的大脑、小脑之间有一个神奇的器官，叫作"松果体"，松果体会分泌出一种名为"褪黑素"的物质。松果体受光线控制，只有在晚上的时候才会分泌褪黑素。一旦受到光线刺激，褪黑素分泌会受到抑制，公鸡就会打鸣。

灵光乍现

想一想：公鸡会打鸣，那母鸡有没有什么特殊的技能呢？

谁是冠军 shuí shì guàn jūn

一天，森林宣布要举行一场爬树比赛，所有小动物都可以参加，获得冠军的还有神秘大奖。小蜗牛也报名了爬树大赛。等到爬树大赛举行的这一天，小动物都来到了比赛现场，森林里十分热闹。

小猴子看见小蜗牛慢吞吞地来到现场，嘲笑他说：

96

“哟，大家快来看呀，这个慢家伙居然也要参加比赛。”

“可不是嘛！”小松鼠不客气地说。

小蜗牛很生气，但没搭理他们。

不一会儿，比赛开始了，枪一响，小猴子和小松鼠“嗖”的一下就跑到了树下，三两下就爬上了那棵大树。

而小蜗牛只是顺着树干慢慢地爬。

又过了一会儿，就听到小松鼠高兴地说：“我爬到了最高处，我是冠军。”又听见小猴子在树下面说：

“你爬

dào zuì gāo chù suàn shén me
到最高处算什么，

wǒ shì zuì kuài pá wán de wǒ cái shì guàn
我是最快爬完的，我才是冠

jūn xiǎo wō niú yě méi lǐ huì jì xù wǎng
军。”小蜗牛也没理会，继续往

shàng pá ya pá dào dá le zhōng diǎn hái dài huí le yí
上爬呀爬，到达了终点，还带回了一

miàn xiǎo hóng qí
面小红旗。

zuì hòu dà xiàng cái pàn shuō wǒ xuān bù xiǎo
最后，大象裁判说：“我宣布，小

wō niú cái shì guàn jūn
蜗牛才是冠军。”

shén me zěn me huì shì tā wéi guān de qún
“什么？怎么会是他？”围观的群

zhòng dōu zài zhì yí zhè ge jié guǒ
众都在质疑这个结果。

zhǐ yǒu xiǎo wō niú rèn zhēn kàn qīng chu le
“只有小蜗牛认真看清楚了

bǐ sài guī zé yào pá guò shù dǐng
比赛规则：要爬过树顶

biāo jì de xiàn bìng ná dào
标记的线并拿到

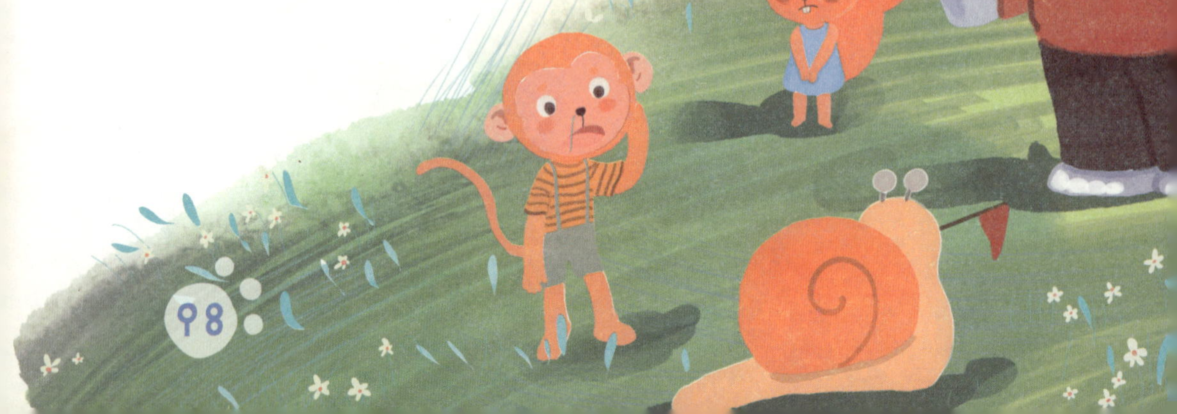

小红旗才算完成。"大象裁判解释说，"你们谁拿到小红旗了吗？"

原来大家都只想着如何快点爬到最高点，都没有看清楚比赛规则。

"小蜗牛，你是怎么爬上那么高的树的呀？"小刺猬非常好奇地问。

"其实是我脚上的秘密武器帮了我。我的脚上有一个腺体，叫足腺，能分泌一种黏液，帮助我在崎岖不平的表面上也如履平地。"小蜗牛说。

"原来是这样啊。"小刺猬说。

种瓜得瓜，种豆得豆。

前人栽树，后人乘凉。

千里之行，始于足下。

百尺竿头，更进一步。

义务教育教科书语文一年级节选

科学进阶

蜗牛的腹部有一道宽而细的横褶，后端较尖，这就是它的"足"。蜗牛爬行时，用它的足紧贴在别的物体上，由腹部肌肉做波状蠕动，它就能缓慢地向前爬行了。同时，它的足上有一个腺体，叫足腺，能分泌一种黏液，帮助它在崎岖不平的物体表面爬行。

灵光乍现

你还知道小蜗牛有什么其他的特点吗？这些特点能帮小蜗牛做些什么呢？

大力士竹笋

小花鸡看着窗外浙浙沥沥下个不停的春雨，满脸忧伤。花鸡妈妈发现了窗边的小花鸡，关切地问："孩子，你怎么满脸不开心的样子？"

"妈妈，这雨下个不停，我还约了小熊去森林里采蘑菇呢，可把我愁死了。"小花鸡委屈得快哭了。

"春雨绵绵，下个不停就是为了让你的蘑菇喝饱水长得更高呀！说

不定，一会儿就不下了。”花鸡妈妈摸了摸小花鸡的脑袋温柔地说着。

说来也奇怪，刚才还下着雨的天空，太阳突然从云层中冒了出来。小花鸡瞬间开心了起来，**欢欢喜喜**地提着篮子向小熊家走去。

于是，小花鸡和小熊一起去森林里采蘑菇去了。他们手拉着手走在有些湿漉漉的路上。小熊提醒说："小心路滑！"小花鸡太开心了，也没放在心上，蹦蹦跳跳地朝前走着。

突然，小花鸡踩在一块滑溜溜的石头上，朝前摔了过去。

"你没受伤吧？"小熊赶忙问。

"哎呀，没事。"小花鸡拍了拍手，爬了起来。

"哎，小熊你快来看啊，这里有根小竹笋也太厉害了吧！"小花鸡指着前方的一块大石头说。

小熊走了过来，被眼前的景象惊住了。一根小小的竹笋居然把一块巨大的石头顶了起来。

一时之间小花鸡和小熊都惊讶得说不出话来，也不知道这是什么原因。等到他们采满一篮子新鲜的蘑菇，走在回家的路上的时候，还在谈论着那根竹笋。

刚好山羊大叔路过，听见他们的对话，笑眯眯地说："刚刚听到你们说那根大力士竹笋

了，其实这也不奇怪，很多植物都有这样的本领呢！”

“很多植物都有吗？我们怎么从来没发现过啊？”小熊和小花鸡不明所以。

“是啊，有的植物虽然没有竹笋那么大的力量把石头顶起来，但是它们能顺着阳光，绕过石头，钻出泥土来到地面。”山羊大叔说。

“原来如此！”小花鸡说。

课本联通

风

［唐］李峤

解落三秋叶，

能开二月花。

过江千尺浪，

入竹万竿斜。

义务教育教科书语文一年级节选

科学进阶

植物能长高是由于植物内部细胞的不断分裂、生长。竹笋的每一节都有分生组织，很多节一起生长，而其他植物通常只有顶端有分生组织，所以竹笋比其他植物长得快，向上生长的力量也就更大。一般的种子无法顶起石头，只能绕着走，而竹笋很有可能有足够的力气顶起石头。

灵光乍现

竹子自古以来就很受诗人喜欢，你知道有哪些关于竹子的诗歌吗？

106